এলোমেলো কৈশোর

রিপন কুমার দে

শৈলী প্রকাশনী

এলোমেলো কৈশোর

Copyright © 2024, Ripon Dey, All rights reserved!

No part of this publication may be reproduced, distributed, or transmitted in any form or by any means, including photocopying, recording, or other electronic or mechanical methods, without the prior written permission of the author, except in the case of brief quotations embodied in critical reviews and certain other non-commercial uses permitted by copyright law.

The scanning, uploading, and distribution of this book without permission is a theft of the author's intellectual property. If you would like to share this book with someone, please purchase an additional copy for each recipient. If you are reading this book and did not purchase it or it was not purchased for your use only, then please return to your favorite book retailer and purchase your copy. Thank you for respecting the hard work of this author.

ISBN: 978-1-7382691-4-3
Imprint: ISK
Cover Design: Artinapps
First Edition: 2024
Printed in the United States of America
Publisher: Shoily Prokashoni

রিপন দে

উৎসর্গ

পরিমল দেবনাথ (প্রিয় বন্ধু)

এলোমেলো কৈশোর

সূচনা

কবিতা লিখা অনেক কঠিন কাজ। কবিতা লিখতে পারি বলাটা তাই সমুচিত হবে না। ছন্দ মেলানোর চেষ্টা করেছি মাত্র জীবনের বিভিন্ন সময়ের শুধু। তবে বেশিরভাগই সংরক্ষণ করে রাখতে পারিনি। হাতে গুনা কয়েকটিই শুধু সংরক্ষিত ছিল, পেয়ে গেছি বিভিন্ন ব্লগ প্ল্যাটফর্মের আনাচে কানাচে। তারই ধারাবাহিকতায় এই ছোট ছোট মজার কবিতা গুলোকে একটা প্লাটফরম-এ নিয়ে আসার প্রয়াস নেই পরবর্তীতে, এই প্রয়াসের ফলাফলই এই ছোট বইটি। কবিতা লেখার কোন গতানুগতিক ধরাবাঁধা নিয়ম নাই, কবিতা হলো কবি মনের ভাবোচ্ছ্বাস যা কবি ছন্দকারে বা ছন্দবিহীন ভাবেই ফুটিয়ে তোলেন। এই গ্রন্থে এর দুটিই ছোঁয়া পাওয়া যাবে।

লেখাগুলোতে নানা বিষয়ে অসম্পূর্ণতা থাকতে পারে, নানা ধরনের অসঙ্গতি থাকতে পারে, তবে এখানে যে কবিতা গুলো লিখা হয়েছে সেগুলো লিখার প্রতি আমার আন্তরিকতার বিন্দুমাত্র কোনও ঘাটতি ছিল না। কতটা ভাল লাগা বোধ এনে দিবে জানি না, তবে এটা বলতে পারি, আমার পক্ষ থেকে চেষ্টার কোন ত্রুটি ছিল না। আমার লিখাগুলো আপনাদের কে এতোটুকু আনন্দ দিতে পারলেই আমি সার্থক মনে করব।

রিপন কুমার দে,
ব্রিটিশ কলম্বিয়া, কানাডা

রিপন দে

কুয়াশাচ্ছন্ন স্নিগ্ধ সকাল, শিশির ভেজা ঘাসের মাঝে,

সে নিরবে বসে গল্প করে, রমণীর হাতে হাত রেখে

হয়না নিসৃত কামনার থলি,সেতো গোলাপ কলি।

আমি নিরবধি শুধুই মহামানবের কথা বলি।

- মাহমুদুল হাসান

সূচিপত্র

সূচনা 4

এলোমেলো কৈশোর 7

মা 15

অশীলতা 21

বাবা 23

আমি আজ অনেকটাই বদলে গেছি, প্রভু 29

শাশ্বতিকীর আশীর্বাদ 37

Poem-Trespass 41

লেখক পরিচিতি .... **Error! Bookmark not defined.**

রিপন দে

এলোমেলো কৈশোর

ভরা কিশোরবেলা।

জৈষ্ঠ্যের রোদেলা দুপুর।

সবুজ ধানের তপ্ত মেঠো আল দিয়ে চপল পায়ে খামোখাই হেটে বেড়াঁই।

ভাবনায় কৈশোরের বাধভাঙ্গা কৌতুহল, অবাধ উচ্ছলতা,

সবকিছুতেই কেমন যেন,

অন্যরকম ভাল লাগার অনুভুতি।

দিগন্তজোড়া ধুঁ ধুঁ কচি মাঠের আলের মধ্য দিয়ে ছুটে চলা,

ছোট্ট অন্নপূর্না পাহাড়ের শুভ্র ঝর্নার পাদদেশ থেকে

তৈরি হওয়া আকাঁবাকাঁ ছোট্ট খালের পাড়ে বসে

পড়ন্ত বিকেলে বড়শী দিয়ে মাছ ধরা,

রতনীকান্তবাবুর কাঠাঁল বাগান থেকে সন্ধ্যায়

সবার অগোচরে লুকিয়ে লুকিয়ে কাঠাঁল খাওয়া,

এলোমেলো কৈশোর

মধুদার বাড়ির উঠোনে রোদে দেওয়া

তেঁতুলের হাড়িতে কাঠি ঢুকিয়ে

আচার তুলে নিয়ে পালিয়ে যাওয়া,

পাতার আগুনে পুড়ে গ্রীষ্মের কাচাঁ আম পাকানো,

স্কুলের পাঠ শেষে শিমুলবাগান দিয়ে আসার সময়

উত্তরপাড়ার অমিতের বাসার চালে ঢিল ছুড়ে মারা,

গ্রীষ্মের তপ্ততায় একটুকানি প্রশান্তির জন্য

একটি নেংটি পড়ে নদীতে ঝাপিয়ে পড়া,

চয়ন-দার নৌকায় করে অনেক দুরের

মানশ্রী বিলে গিয়ে শাপলা আর

সজনে ডাটার ফুল তোলা,

গভীর জঙ্গলের মাধবীলতা গাছের চূড়াঁয় বসে থাকা

কাকতাড়ুঁয়া পাখিকে ফাদঁ পেতে

ধরে ফেলার কতনা আকুল প্রচেষ্টা,

শ্যাঁওলা-ধরা শান বাধানো পুকুরের ঘাটে বসে

মাছরাঙ্গা পাখির ছোঁ মেরে মাছ খাওয়ার

দৃশ্যের দিকে অপলক তাকিয়ে থাকা,

অলস দুপুরে প্রায় প্রানহীন আমি সূর্যের আলোয়

কিছুক্ষন অবগাহন করা,

ম্লান উচ্ছলতায় শীরশীরে উদাস চোখ দুটির

তপ্ত ধূসর উঠোনপানে কিছুক্ষন

নিরিবিলি একদৃষ্টিতে তাকিয়ে থাকা,

অস্ফুট, শুনশান পড়ন্ত গোঁধুলীবেলায়

ছোট্ট টিলার পাশে সন্ধ্যামালতী গাছের গায়ে

দেলান দিয়ে বসে বর্নীল সূর্যাস্ত দেখা,

ভালবাসার পঙ্খিরাজে উড়ে বেড়ানো,

মায়াবী কিশোরীর মায়াভরা মুখ কল্পনায় সুতায় বুনা

এরকমই তো, এরকমই

এলোমেলো কৈশোর

ভরা আনন্দে কেটেছিল আমার কিশোরবেলা।

সবকিছুতেই ছিল বাধঁভাঙ্গা
তীব্র আনন্দ,
অনাবিল উচ্ছ্বাস।

অনিন্দ্যসুন্দর ছোট্ট গ্রামটির দু'পাশের বাশঁবাগানের সারি,
শান্ত পাকানো ছোট্ট নদীর পানির কলকলানি গান,
সবই অদম্য কৌতুহলের উদ্দাম,
ভালোলাগার উপজীব্য ছিল,
তখন।

ছোটবেলার সব স্বপ্ন জুড়ে থাকত
শুধুই সেই গ্রামটির ছবি।

কল্পনার সবকিছুতেই গ্রাম্য ঘটনা আষ্টেপৃষ্টে জড়ানো।
সারাজীবন এখানেই কাটিয়ে দেওয়ার আকুল তৃষ্ণা।

কিন্তু বাস্তবতার নিষ্ঠুর হাতছানিতে

সেই তৃষ্ণা অতৃপ্ততায় অকালেই প্রাণ হারায় যেন।

জীবিকার তাগিদে বাবার শহরে চলে আসা,

অনেক আগেই, সেই সাথে আমাদেরও।

এখনও অনেক সুখস্মৃতি,

আবছা আবছা ভাসে,

জানালার করিডোরে দাড়িয়ে থাকা নিরিবিলি ভাবনায়।

কি সুখের ছিল সেই কৈশোরের দিনগুলি।

অবাধ আনন্দে কি স্বপ্নময়ই না ছিল চারপাশের সবকিছু।

মনে পড়ে, খুব।

দেশ ছেড়ে আসার আগে,

অনেকদিন পর গিয়েছিলাম আবার

সেই আমার ছোট্টবেলার ছোট্ট গ্রামটিতে।

এখনও সেই সুরমা নদীর রিনিঝিনি শব্দে স্রোতময় বয়ে চলা,

কানে বাজে।

এখনও সেই শিমুলচাঁপা গাছের ঠায়ঁ দাড়িয়ে থাকা,

সেই উঠোন,

সেই গোলা ভরা ধানের আড়ত

— আগের মতই তো, সব।

কিন্তু,

নেই শুধু, আমার সেই কিশোরবেলার আবেগ,

আমার একাকী ছুটে চলার দুরন্তপনা,

নেই শুধু,

তীব্র কৌতুহলভরা চোখে শালিক পাখিটির দিখে

তাকিয়ে থাকার অবিচল অভিলাশ।

শত শত শৃঙ্খলে হাত-পা বাধা এখন বাস্তবতায় খাচাঁয়।

যৌবনের উন্মুত্ত্বতায় নিভৃতে কাদেঁ কৈশোরের তীব্র অস্ফুট আবেগ।

এখনও ভালো লাগে খুব সেই গ্রাম,

এই মাটি।

যৌবনের প্রান্তে এখন।

বাস্তবতার ব্যস্ততায় তাড়া করে ফিরে সবসময়।

গ্রাম থেকে ফিরে আসার সময় প্রান্তসীমানায়।

কিছুক্ষন পরেই গাড়ি ছাড়বে।

আমার হাতে দেওয়া ঠাকুরমার আনারস

আর শীতলী পিঠার থলেটি।

পরম মমতায় আকঁড়ে ধরে ক্ষেতের আল ধরে

আবার হেঠে চলেছি আমি।

ফিরে আসার সময় আবার পিছনফিরে তাকাই,

আবছা আসছে স্মৃতিগুলো,

এলোমেলো কৈশোর

সেই ছুটে চলা, সেই কৈশোর,

সেই ভাললাগা।

আরেকটু কি দীর্ঘায়ীত হতে পারত না,

আমার কৈশোরবেলা?

আমার হারানো কৈশোরবেলা!

- ৭ নভেম্বর, ২০০৯
ওন্টারিও, কানাডা।

মা

[আজ মায়ের সাথে অকারনে রাগ করলাম। অনেকটা ইচ্ছে করেই। আমার মা আমার থেকে হাজার মাইল দুরে। প্রতিদিন আমার ফোনের জন্য অপেক্ষা করে বসে থাকেন মা। না দিলে ধৈর্য্যহারা হয়ে নিজেই করে বসেন। মা, এত ভালবাসা কেন তোমার? এত কষ্ট দেই, তারপরও ভালবাসা ফুরায় না কেন তোমার? রাগারাগির পর খুব খারাপ লাগছিল আমার। সেটা কমাতেই এই আবেগী কবিতা। কবিতা হয়তো হয়নি, কিন্তু মায়েদের ভালবাসা এমন যে, তাদেরকে উপজিব্য করা কোন আবেগের বহিপ্রকাশ কোন ব্যর্থতাকে স্পর্শ করতে পারে না। সকল অপরিপক্কতা ছাপিয়ে ঠিকই উজ্জ্বল দ্বীপ্তিময় হয়ে উঠে সেই সত্তা তার নিজস্ব ভঙ্গিমায়। এটা লিখার সময় মাকে খুব অনুভব করেছিলাম, সেই ভাল লাগার অনুভুতিই প্রকাশ করলাম।]

মা,
সেই ছোট্টবেলায় প্রথম যেদিন
মিতালীপাড়ার স্কুলের আঙ্গিনার
পদধুলি দেবার কথা আমার,
তুমি মাথায় সিঁথি তুলে আশীষ দিয়েছিলে,
“বড় হও, বাবা, অনেক বড়,
মানুষ হিসেবে পূর্ন হয়”।
তোমার চোখে ছিল আমার জন্য আকাশছোঁয়া স্বপ্ন, মা।

আমি ফ্যাল ফ্যাল করে তাকিয়ে ছিলাম
তোমার দিকে নিরিবিলি,
আমার দেখা সবচেয়ে পরিপূর্ণ মানুষটির দিকে।

মা,
মেঘেদের যুদ্ধে ছিল বৃষ্টিদের বিজয়ের দিন সেদিন।
তুমি ছাতা দিয়ে বলেছিলে, "সাথে রাখিস বাবা"
আমি নেইনি সেদিন, তোমার দেয়া।
হয়তো ভেবেছিলাম, তোমার মত এত বড়
ছাতা থাকতে কোন ঝড়ের ভয় মা?
কোন ঝড়ের ভয়?

ঠিকই অঝোড় ধারায় বৃষ্টি হয়েছিল সেদিন
নুড়িপাড়ার সাধনবাবুর দোকানে আটকা পড়েছিলাম,
অনেকক্ষন।
তুমি নিজে ভিজে চলে এসেছিলে আমাকে
অভেজা নিয়ে যেতে, মেঘেদের আড়াল করে।
খালি পায়ে।
আমার কয়েক ভেজা চুল তোমার আঁচল দিয়ে
মুছে দিতে দিতে মায়াভরা গলায় শাসন করেছিলে,
"আর কোনদিন ভিজবি না বৃষ্টিতে, ঠিক আছে?"
তোমার উষ্ঞ আচঁল দিয়ে আগলে ধরে রাখছিলে তুমি

রিপন দে

আমায় কিছুক্ষন, গভীর মমতায়,
তোমার সিক্ত আশ্রয়ে।

মা,
পৌষের সংক্রান্তি ছিল ওইদিন।
ভোরের স্নান সেরে সোজা চুলার পাশে আমি।
তুমি পিঠা বানাচ্ছিলে,
কপালে তোমার বিন্দু বিন্দু ঘাম।
বসে রইলাম তোমার দিকে চেয়ে মুগ্ধ নয়নে।
তুমি পাঠিসাপটা বানিয়ে দিতে লাগলে, অনবরত।
খাওয়া শেষে কম পড়েছিল বলে, তুমি
নিজে খাওনি সেদিন, বলেছিলে,
"তোরা খা, এতেই আমার তৃপ্তি"

মা,
জৌষ্ঠের নবান্নৎসবের ছুটি তখন,
দক্ষিনপাড়ার নবনীবাবুর কুয়োর ধার দিয়ে,
আসার সময়,
পড়ে জখম হয়েছিল খুব।
নিমপাতার রস লাগিয়ে দিয়েছিলে সেদিন,
উপরে কলাপাতার পট্টি, পরম যতনে।

তবু ক্ষতের নিস্তার নেই,
পায়ের জখম বিদ্রোহ করেছিল সেদিন রাত।
প্রবল জ্বরে কেঁপে কেঁপে উঠেছিলাম,
নকশীকাঁথায় ঢেকেও স্বস্তি নেই তোমার,
আমার মাথায় হাত বুলিয়ে ঢেলে দিতে লাগলে
তোমার শরীরের ওম।
সারা রাত জেগে নির্ঘুম তুমি
মাখতে লাগলে জ্বল পট্টি, আমার তপ্ত কপালে,
পরম আদরে।
টলমল করছিল সেদিন
তোমার স্নেহঝড়ানো উদ্বিগ্নতার জ্বল।

মা,
আমার টিউশনির টাকা
একটু একটু করে জমিয়ে,
তোমাকে একটি নীল শাড়ি কিনে দিয়েছিলাম,
তোমার সেই শাড়ি গায়ে দিতে না তুমি
আলমারিতে যত্নে রাখ, সবসময়।
নষ্ট হয়ে যাবে বলে।

দেশের পড়া শেষে,
স্কলারশীপ নিয়ে হাজার মাইল দুরে আসার সময়,
আবেগি তুমি, কান্না থামিয়ে রাখতে পারছিলে না।

আচঁল দিয়ে চোখ লুকিয়ে রাখলে।
আসার বেলায়,
কপালে চুমু খেয়ে বলেছিলে,
“ভাল থাকিস, বাবা”।

ডুকরে কেঁদে উঠেছিলাম আমি।

সেই তুমি আজ অনেকটাই জীর্ন।
রান্নাঘর থেকে সিংহদার,
এটুকুনই তোমার সকল ভাবনায়।
খুঁজে বেড়াও আমাদের, প্রতিটি মুহুর্ত।
প্রতিদিন সন্ধ্যায় আমার একটি ফোনের জন্য
অপেক্ষা করে বসে থাকো রিক্ত তুমি,
চাতকপাকির মত।
একদিন কথা না বললে
অস্থির হয়ে রাগ করে বসে থাকো,
অবোধ শিশুটির মত।

মা,
আচ্ছা আমি কি পারব, তোমার স্বপ্নটি পুরন করতে?
অনেক বড় হতে কখনও?
অথবা,

এলোমেলো কৈশোর

মানুষের পুর্নতা নিতে?

ভয় হয়, মা।

আমার।

একটু মাথায় তোমার আশীষের হাতটি বুলিয়ে দিবে, মা, ঠিক আগেটির মত।

আঁকা: নিজ, সাল ২০০৩, পেন্সিল স্কেচ।

রিপন দে

অশীলতা

নিরিবিলি অশীলতার ব্যস্ততার ফাকেঁ,
কান্না হয়ে গেল পর।
আবছা মেঘবালিকার চুল
নিশিদিন শব্দাবলীর সুনিপুন মেলে
আবেগির আবেগীয় জলসায় পরে থাকে,
তৃপ্ত করা হয় সবার,
ধরনীর বিশালতার
কাব্যময় কবিতায়।

মধ্য রজনীতে ঢলে পড়া
কবিতার জোৎস্নায় স্নান।
আলো ঝলমল।
চাদেঁর আড়ষ্টতায় ঠোঁট-জোড় ভেজাই আমি,
চুমুতে অশনিপর।
নির্দ্বিধায়।

এলোমেলো কৈশোর

নিপুন বাঁধাইয়ের স্বপ্ন কাব্য তোমায়
পরে থাকে জীবন্ত
বুক-শেলফের উপর
সজীব প্রাণ তুমি
কথা বল প্রাণ সভায়।
আমার আমিত্বে স্বতন্ত্র কিছু
শব্দ নিয়ে কাড়াকাড়ির
লোভনীয় উচ্চারন।

যুদ্ধের উত্তুঙ্গ ধ্বংযজ্ঞেও তুমি
যেই সেই,
সৈনিক মন উজ্জীবতায়।
মৃত্যুর আঙ্গিনায় তুষারশুভ্র স্তব্ধ,
তারপরও তুমি
কবিতা,
আমার ভালবাসার প্রেরনা।
নিটোল দেহের মত
তুমি,
প্রতিরোধের তীব্রতার উচ্চারন।

বাবা

[বাবাকে নিয়ে আবেগী কবিতা। কবিতা বললে ভুল হবে। কবিতার ধার দিয়ে যায় নি। কিছু ছড়ানো-ছিটানো এলোমেলো শব্দগুলোকে একটি প্লাটফরমে নিয়ে আসার ক্ষীন চেষ্টা। এটা লিখার সময় বাবাকে খুব অনুভব করেছি, মনে হয়েছিল বাবা আমার সামনে বসা। অনেকদিন পর বাবার সাথে সামনাসামনি কথা বললাম। সেই ভাল লাগার অনুভুতি থেকেই লিখলাম]

বাবা,
সেই প্রথম তুমি যেদিন,
শিশির জমা ঘাসের মধ্য দিয়ে
হাত ধরে নিয়ে গিয়েছিলে আমায়
আমার প্রথম স্কুলে,
শিমুলচাপা বাগানের ধার দিয়ে।
আর আমি, স্কুলের ব্যাগ কাধেঁ নিয়ে
মৃদু পায়ে চলেছিলাম তোমার পিছু পিছু,
নিরিবিলি শান্ত ছেলের মত।

পথে আমি বায়না ধরেছিলাম,
হাওয়াই মিঠাই খাব বলে,
তুমি মিতালীপাড়ার নুড়িকাকুর দোকান থেকে

এলোমেলো কৈশোর

কিনে দিয়েছিলে, পরম আদরে।
মনে পড়ে বাবা?

বাবা,
অঝোড় ধারায় বৃষ্টি হচ্ছিল সেদিন,
স্কুলে আটকা পড়ে আছি, অনেকক্ষন।
তুমি সেদিন আমার ছোট্ট সবুজ ছাতা নিয়ে
মেঠো পথের কাদাঁ ডিঙ্গিয়ে
আমাকে নিয়ে যেতে এসেছিলে,
অনেক দুর থেকে, খালি পায়ে।
কপালে বিন্দু বিন্দু, ক্লান্ত তুমি,
তবু আগলে ধরলে আমায়।

মাথা সামান্য ভিজে গিয়েছিলে বলে
তুমি সেদিন তোমার শার্টের কোনা দিয়ে,
মুছে দিয়েছিলে আমার ভেজা চুল।
আর তোমার মায়ামাখানো চোখ রাঙ্গিয়ে
শাসন করেছিলে,
"আর কক্ষনও ভিজবি না বৃষ্টিতে, বুঝলি?"
মনে পড়ে বাবা?

বাবা,
গ্রীষ্মের আমকাঠাঁলের ছুটির সময়,
উত্তরপাড়ার ছেলেদের সাথে
কাবাডি খেলে ঘরে ফিরে আসার সময়

রিপন দে

বেয়াড়া গাছের কাটার উপর পড়ে গিয়ে
পা খানিকটা কেটে গিয়েছিল,
তুমি অস্থির হয়ে
সাদা কাপড়ের পট্টি বেধেঁ দিয়েছিলে
পায়ের জখমের উপর, সযতনে।

ঐদিন রাত্রিতে ঘামজ্বরে
গা পুড়ে যাচ্ছিল বলে,
তোমার তীব্র আকুলতা
সীমা ছাড়িয়ে যাচ্ছিল সেদিন।
তোমার চোখের কোনে
টলমল করছিল স্নেহঝড়ানো উদ্বিগ্নতার জল।
সারা রাত জেগে আমার পাশে নির্ঘুম তুমি,
আমার মাথায় হাত বুলিয়ে দিয়েছিলে,
পরম মমতায়।
মনে পড়ে বাবা?

বাবা,
সেদিন প্রথম বৃত্তি পরীক্ষার দিন,
ঘর থেকে বের হওয়ার আগে,
আমার প্রবেশপত্র আর কলম
হাতে ধরে দিয়ে বলেছিলে,
"ভাল করে পড়ে উত্তর করিস, বাবা"

এলোমেলো কৈশোর

তোমার চোখে ছিল তখন,
আমার জন্য আকাশছোয়াঁ স্বপ্ন,

পরীক্ষা শেষে তুমি আমায় নিয়ে গিয়েছিলে,
রথযাত্রার মেলায়, পড়ন্ত গোধুঁলিবেলায়।
প্রথম নাগোরদোলা চড়িয়েছিলে সেদিন তুমি আমায়।
তুমি তোমার কষ্টার্জিত টাকা দিয়ে
কিনে দিয়েছিলে একটা সাদা কবুতর, মেলা থেকে।
সেই কবুতর হাতছাড়া করতাম না আমি কখনও,
জড়িঁয়ে রাখতাম সবসময়, তোমার উপহার বলে।
মনে পড়ে বাবা?

বাবা,
আমার টিউশনির টাকা
একটু একটু করে জমিয়ে,
আমি তোমাকে দিয়ে বলেছিলাম একদিন,
"বাবা, একটা নীল ডোরাকাটা শার্ট,
আর একটা ফিতাওয়ালা কালো জুতা কিনে আনবে তোমার জন্য।"
তুমি দুটি শার্ট কিনে এনেছিলে সেদিন,
অসীমবাবুর দোকান থেকে, কিন্তু একইরকম।
একটা আমায় দিয়ে বলেছিলে,
"নে, এটা তোর জন্য, জুতো তো আমার আছে,
কি হবে শুধু শুধু কিনে"

তোমার সেই নীল শার্ট এখনও আলমারিতে যত্নে রাখা,
ব্যবহার করনা তুমি, নষ্ট হয়ে যাবে বলে।

বিশ্ববিদ্যালয়ের শেষ প্রান্তে আমি,
স্কলারশীপ নিয়ে দেশের বাইরে আসার সময়,
আবেগি তুমি, কান্না থামিয়ে রাখতে পারছিলে না।
ভোঁ ভোঁ করে কেদেঁ উঠেছিলে সবার সামনে।
আমার কপালে চুমু খেয়ে বলেছিলে,
"ভাল থাকিস, বাবা"

সেই তুমি আজ বার্ধক্যের ভারে জর্জরিত।
ডায়াবেটিস, রক্তচাপ,
কোমড়ের ব্যথা, কি নেই তোমার?
প্রতিদিন সন্ধ্যায় আমার একটি ফোনের জন্য
অপেক্ষা করে বসে থাকো জীর্ন তুমি,
চাতকপাকির মত।
একদিন কথা না বললে
অস্থির হয়ে আমার সাথে রাগ করে বসে থাকো,
অবোধ শিশুদের মত।
মনে পড়ে বাবা?

বাবা,
আচ্ছা আমি কি পারব, তোমার মত হতে?
ভয় হয়,

এলোমেলো কৈশোর

আমার।
একটু মাথায় তোমার আশীষের হাতটি বুলিয়ে দিবে,
বাবা, ঠিক আগের মত।

৬ নভেম্বর, ২০০৯
ওন্টারিও, কানাডা।

আমি আজ অনেকটাই বদলে গেছি, প্রভু

বাইরে প্রবল স্নো পড়ছে।
তাকিয়ে আছি আকাশের দিকে।
বেশ বড়সড় চাঁদ উঠেছে আজ।
তবু আকাশ কেমন যেন গুমোট ছায়ায় ঢাকা।

চাঁদ যতটুকু মায়াবী সৌন্দর্য,
পাগলকাড়া রূপের ডালি আকাশের গায়ে
ঢেলে দেওয়ার কথা, ততটুকু
এই পোড়ার দেশের রুক্ষ চাঁদ কখনই দেয় না।
তাই আমার নিজ দেশের মত ভরা পূর্ণিমায়
এখন আর ছুটে চলে যাই না ছাদে,
অবাক চোখ নিয়ে তাকিয়ে থাকি না
এখন আর, ভাল লাগে না।

মুহুর্তে মনে পড়ে যায় সেই সময়ের কথা,
যে সময়ে রাতের পর রাত অপেক্ষায় থাকতাম,
চান্দি পসরের সেই মায়াবী আলোয় স্নান করবার,

এলোমেলো কৈশোর

যে আলো সারা শরীরে মাখিয়ে দিয়ে যায়
এক নতুন উন্মাদনার প্রলেপ,
এক গভীর ভাললাগার স্পন্দন।

কিন্তু আমার এই মনে পড়া,
ক্ষনিকের জন্য,
বেশিরভাগই বাইরের জগতকে
আমার আলগা কবি-হৃদয় দেখানোর জন্য।
আমি এখন পুরোদস্তুর যান্ত্রিক মানুষ হয়ে গেছি।
হৃদয়ের চারপাশে এক লৌহ নির্মিত
আবরণের ব্যাড়াক দিয়ে দিযেছি।
সেই ব্যাড়াক পেরিয়ে স্থায়ীভাবে
এখন আর কোন মূছর্নার রস
বেশিক্ষন টিকে থাকতে পারে না,
এই রিকন্ডিশান হৃদয়ে!

তাই প্রভুকে বলি,
হে প্রভু,
আমি আজ বদলে গেছি!!

আমি আর স্বপ্ন দেখি না,
সবুজ ধানের তপ্ত মেঠো আল দিয়ে
চপল পায়ে খামোখাই হেটে বেড়ানোর।

রিপন দে

আমি স্বপ্ন দেখি না,
আকাঁবাকাঁ ছোট্ট খালের পাড়ে বসে
পড়ন্ত বিকেলে বড়শী দিয়ে মাছ ধরার।
এ গেঁয়ো দেশ ভাল লাগে না আর।

আমি আজ স্বপ্ন দেখি,
ফিটফাট বাবু হয়ে সাজানো
ঝকঝকে রাস্তা ধরে যান্ত্রিক স্থলযানের পিঠে চড়ার!
অথবা সুনসান নীরবতার কোন
আকাশযানে গা এলিয়ে দেওয়ার।

আমি আর স্বপ্ন দেখি না,
নরেন বাবুর কাঠাঁল বাগান থেকে
সন্ধ্যায় সবার অগোচরে লুকিয়ে লুকিয়ে
কাঠাঁল খাওয়ার,
অথবা স্কুলের পাঠ শেষে
শিমুলবাগান দিয়ে আসার সময়
উত্তরপাড়ার অমিতের বাসার চালে
ঢিল ছুড়ে মারার।

আমি আজ স্বপ্ন দেখি,
ভদ্রতার লেবাশ পড়ে স্যুটেড বাবুদের

আড্ডায় গিয়ে আধুনিক বিলাশীতার
রকমারী আহার গলাধকরন করার।

আজ তাই তো বাজানের ধানী জমির
বদলে আমি কিনি বিদ্যার ডাল (শিক্ষা),
জোৎস্নার আলো গায়ে পড়ার চেয়ে
পড়ি নীল ব্লেজার গাউন;
শুকনো পাতা পড়ার শব্দের বদলে
শুনি মদের বোতল খোলার মাদকতার ধ্বনি!

আমি আর স্বপ্ন দেখি না,
দুরের মানশ্রী বিলে গিয়ে শাপলা
আর সজনে ডাটার ফুল তোলার,
অথবা গভীর জঙ্গলের মাধবীলতা গাছের
চূড়াঁয় বসে থাকা কাকতাড়ুঁয়া পাখিকে
ফাদঁ পেতে ধরে ফেলার!

আমি আজ স্বপ্ন দেখি,
কেউ দরদ দেখালে
আবেগবিবর্জিত "ধন্যবাদ" বলার;
নিজের অজান্তে কারো অশ্রু ঝড়ালে,
তাকে ভাবলেশহীন গলায় "sorry" বলার।
যে sorry -তে না থাকুক,

রিপন দে

ভেতরের ছটফটানো আবেগ।
কিন্তু সেখানে তো আছে,
এক অন্যরকম শব্দশুশ্রী,
আছে তো ভদ্রতার এক ভিন্নরকম শিষ্ঠতা।
সেই তো বেশ!!

আমি এখন আর বাঙ্গালী নই!
আমার আর ভাল লাগে না,
ম্লান উচ্ছলতায় শিরশিরে উদাস
চোখ দুটির তপ্ত ধূসর উঠোনপানে
কিছুক্ষন নিরিবিলি একদৃষ্টিতে তাকিয়ে থাকার,
সন্ধ্যামালতী গাছের গায়ে
হেলান দিয়ে বসে বর্নীল সূর্যাস্ত দেখার,
ভালবাসার পঙ্খিরাজে উড়ে বেড়ানোর,
অথবা মায়াবী কিশোরীর
মায়াভরা মুখ কল্পনায় সুতায় বুনার।

গ্রামের কিশোরী মেয়ের প্রেমাতুর চাহনী,
আমাকে এখন আর আন্দোলিত করে তুলে না।
আমার আজ ভাল লাগে,
স্বল্পবসনা নারীর সাথে প্রথম দেখাতেই
গরম বিছানায় নিয়ে যাওয়ার,
ভাল লাগে যখন ইচ্ছা তার গর্ভে

এলোমেলো কৈশোর

বেড়ে উঠা বাড়তি ঝামেলা
সার্জন ডেকে সূচ দিয়ে খুচিয়ে
মাটিতে মিশিয়ে ফেলার!

শান্ত পাকানো ছোট্ট নদীর পানির
কলকলানি গান আর এখন ভাল পাই না।
আমার আজ ভাল লাগে,
শাকিরার ম্যাটাল মনমাতোনো ক্লাসিকে কান পাতার।

আরও ভালো লাগে না,
আকাশ কালো করে ঘনিয়ে আসা
দামাল বাতাসের কালবৈশাখী ঝড়
অথবা,
সেই ঝড়ো বাতাসে অনাবৃত শরীর এলিয়ে দেওয়ার,
বরং ভাল লাগে স্ফটিক জানালার কাঁচের ধারে
নিরাপদে বসে মৃদু শুভ্র স্নো পড়া দেখার।

কোন ভুতুরে রাত্রিতে ঠাকুরের কোলে
বসে ঠাকুরমার ঝুলি শোনার
আজ আর আমার স্বপ্নে জাগে না.

অথবা জাগে না মায়ের কোলে বসে
আনারস আর শীতলী পিঠা খাওয়ার।

রিপন দে

বরং স্বপ্নে জাগে,
ম্যাকডোনাল্ডের ক্যাবিনে বসে
কোকসমেত বার্গার চিবানোর।

অথবা টিম হর্তনের দামী কফির পেয়ালায়
আরামসে আলতো চুমুক দেওয়ার।

আমি এখন শহুরে আদলে গড়া
অন্য এক পরিপূর্ণ মানুষ।
আমি এখন শুধু স্বপ্ন দেখি
ক্রিস্লার সিভিক গাড়ি কিনে
বড় রাস্তায় চড়িয়ে নেওয়ার,

স্বপ্ন দেখি দুতলা ফাউন্ডেশনের
শুভ্রসাদা এক বাড়ি কেনার।
পেছনে ভুলে গেছি কুঁড়ে ঘরে
পচে মরা আমার বাবার জীবনভর লড়াইয়ের হাহাকার।
অথবা,
মমতাময়ী মায়ের শাসনভরা চোখেরাঙ্গানী
আর আমাকে নিত্য সুন্দরের মাঝে
আড়াল করে রাখা
দিনগুলির আকুতি।

এলোমেলো কৈশোর

.... এই তো!

আমি আজ অনেকটাই বদলে গেছি প্রভু।
অনেকটাই।

শাশ্বতিকীর আশীর্বাদ

জোৎস্নার অস্ফুট আলোর মিছিল, কি নির্বিকার
কি নিরিবিলি তামস-গভীরে তার কি জমাট-বাধা ঐশ্বর্য বিসর্জন,
বুঝাই দায়, নিজ নিষ্চুপতায় কিভাবে অপরকে করে তোলে
জোয়ার-ভাঙ্গা আবেগতাড়িত, অথবা মায়াবী বর্ণিল আলো-প্রেমিক।

জৌষ্ঠের সঙ্গীত বাজে নাগালহীন কোন দুর সীমানায়,
ভেসে আসে ঘরহারা দুরের কোন এক শঙ্খচীলের শীল আর্তনাদ,
পাহাড়ের ঢালু উপত্যকা বেয়ে কাছাকাছি হতে থাকে
দুরের কোন স্বর্গীয় ঝর্নাধারার রিনিঝিনি সঙ্গীত-মূর্ছনা।
শিরশিরে মন তীব্র আড়ষ্টতায় খুজে ফিরে,
এই বেঁচে-না-থাকাসম জীবনের কোন অতৃপ্তির
নাকি জীবিত মৃত্যুকে আলিঙ্গন করার কোন অভিশপ্ত সত্ত্বার।
ডর লাগে আমার তার কাছাকাছি যাওয়ার,
সাহস পাই না কোন
হ্রেস্বা ঘোড়ার বুক-ফোলা বুক নিয়েও,
সাহস পাই না কোনো।
এই ঝলসানো নিসর্গ রূপের ডালি গোগ্রাসে গিলে ফেলার।

যেভাবে ভাবনার অগোচরে থেকে যায়
ধর্ষিতা নারীর আত্মযন্ত্রনা,
ক্লান্ত জীর্ণ কোন কৃষানীর অপ্রকাশ্য আনন্দধ্বনি,

অথবা গর্ভবতী ষোঁড়শীর উপচে পড়া আগমনী দায়িত্বর্পন,
সেভাবেই ধরতে পারি না,
এই রূপময় চেতনা-কর্ষী লীন হয়ে যাওয়া
আততায়ী-পূর্ণিমার অদেখা কোন বর্ণহীন আলোর মিছিল।
চিন্তার হার্ডডিস্কে চিরস্থায়ী ছাপ ফেলে দিতে পারিনা তাকে,
তার স্বকীয়তায়,
ঐশ্বরিক অনাবিলতা আর কৃত্রিমতার অদেখা দড়ি দিয়ে বেঁধেও।

পত্রগর্ভে নিদ্রালু আলতো-ঘুমিয়ে পড়া ছাই-চাঁপা মৃদুমন্দ বাতাসগুলো
দুর্নিবার জানান দিতে থাকে তাদের সরব উপস্থিতি,
মৃদুল তরঙ্গে হিমহিম আবহে কাপিয়ে তুলে চন্দ্রালোর চাদরে ঢাকা,
লুকিয়ে পড়া নিরাভরন শঙ্খনীলসম সবুজ ঘাসগুলো।
শিশির-জন্মদাতা কচি ঘাসগুলো সটান হয়ে
লাজহীন আস্বাদনে ব্যস্ত থাকে চাঁদনি পশর রাতের অমৃতসুধা,
তাদের নয়ন প্রান সঁপে, মননশীল বিবেকের কণ্ঠভাষা ছাড়িয়ে,
অনিমেশের অবিমৃশ্যতায়।
গোধুলিলগ্নে শেষ বিকেলের সূর্যাশীষ দিয়ে বলাৎকার হওয়া,
স্বচ্ছ ক্রিস্টাল শিশিরবিন্দুগুলো ভাবনার করিডোর মেলে দেয়,
জোৎস্না ছাড়িয়ে সপ্তর্ষিমন্ডলের আলেয়া খুজায়।
বলার অপেক্ষা রাখে না, কৃষ্ঞগহবরের মত উদার স্বার্থপর সে।

অনাধুন বিজলীবাতির মতন রাতের ঝিকমিক জোনাকিগুলো
ধানক্ষেতে পথ হারিয়ে ফেলে, লীন হয়ে যাওয়া অখন্ড মুহুর্তগুলোতে,
নাচে-গানে মুখর করে তোলে নিরিবিলি অবকাশের

প্রকৃতির অন্তরালে গজিয়ে উঠা সহস্র শস্যপর্ব শালীনতায়, মধুর।
শব-পৃথিবীর নিষ্ঠুরতাকে পাশ কাটিয়ে আনন্দের ডালি মেলে দেয়,
গানের মূর্ছনায় জোৎস্নাকে সঙ্গিনী করে,
যেভাবে প্রেমিক তার প্রেমিকাকে অন্ধ আবেগে আকঁড়ে রাখে,
তার সমুদ্রসম হৃদয় উজাড় করা তীব্র বাধ-ভাঙ্গা-ভালবাসায়।

যে প্লাবন ধুয়ে নেয় পুরনো জীর্ন সব কুসংস্কারের বান,
সেই জোয়ারের দলেই নাম লেখায় আলো-আধাঁর-ছায়া সঙ্গিন ব্যস্ত পূর্ণিমার লহর।
যদিও জেনেছি, মৃত্যুছায়া প্রকুতির দেয়ালের মত ঢলে পড়ে তীব্র ধ্রুপদি রূপচ্ছটায়।
অশীতিপর ম্লান রাতে উলুধ্বনি ব্যস্ত তার নিজস্ব আলোর আলিঙ্গনে,
ক্ষনে ক্ষনে,
রাতের নির্মম নিশ্চুপ নিস্তব্ধতায়।

জরায়ুর কোনায় লুকোচুরি খেলায় মত্ত সৃস্টিশীল শৈলী অবুঝ ভ্রুনানুগুলো
আনন্দধ্বনি প্রকাশে কার্পন্য করেনি কোনো,
বিলম্বে না পস্তানোর আশায়।
ত্রিশ লক্ষ জন্মাণূর জোৎস্নার জাগ্রত আলো-আশিষে
সবল পো্ক্ত পূর্ণিমার বীজগুলো।
ডরায় না কোনো, নি:শব্দ মৃত্যুর অশ্লীল আর্তনাদ,
ডরায় না তারা আধাঁর আলিঙ্গনে সন্ত্রস্ত চেতনার
রাক্ষুসে হায়েনাগুলোর হুমকিতেও।

এলোমেলো কৈশোর

কারন তাদের আছে সর্ব-সঙ্গিন শাশ্বত চাঁদনির অযুত
বাধ-ভাঙ্গা সাত অকুতোভয় সৈনিকের ভয়াবহ মারমুখি ক্ষীপ্রতা,
আর আছে ম্লান জোৎস্নালোর নিযুত শাশ্বতিকীর আশির্বাদ,
যা দিয়ে আকঁড়ে ধরে থাকা যায় শাশ্বতিকীয় অস্তিত্ব,
তার নিজস্ব শাশ্বত শ্বেত-শুভ্রতায়।

রিপন দে

Poem-Trespass

Open up the walls of my cottage
Let me freedom with the joy.
Open up the darkness of deep jungle,
Let me explore with the wild.
Open up the horizon's chest of ocean,
Let me enjoy with the mystery.
Open up the cave of enormous mountains,
Let me sleep with calm.

Open up the bond of my relations,
Let me be alone with myself.
Open up the complexity of livings,
Let me test the mundane with independence.
Open up the tomb of maternity,
Let me play with my birth,
Open up the seven sky of yours,
Let me trespass into the heaven of mine!

www.ingramcontent.com/pod-product-compliance
Lightning Source LLC
Chambersburg PA
CBHW042321090526
44585CB00024BA/2779
* 9 7 8 1 7 3 8 2 6 9 1 4 3 *